Inhalt

Flexible Arbeitszeiten

Kernthesen

Beitrag

Fallbeispiele

Weiterführende Literatur

Impressum

Flexible Arbeitszeiten

M.Rinkenburger

Kernthesen

- Hohe Arbeitskosten veranlassen Unternehmen, in den nächsten Jahren die Arbeitszeiten ihrer Mitarbeiter zu verlängern und flexibler zu gestalten. (1), (7), (9)
- In Deutschland gibt es eine Vielzahl verschiedener Arbeitszeitmodelle. Die unterschiedlichen Vorstellungen von Arbeitgeberverbänden und Gewerkschaften führen allerdings dazu, dass Unternehmen nur zu einem geringen Prozentsatz die verschiedenen Formen einsetzen. (6), (7), (9)
- Unterschiedlichstes Nachfrageverhalten der Kunden und saisonale Volumenschwankungen führen zu unterschiedlichsten Auslastungen und

Arbeitszeiten. Das hat zur Folge, dass Unternehmen ihren Personaleinsatz zum Teil nur noch mit Unterstützung entsprechender Software disponieren können. (1), (2), (4)

Beitrag

Flexible Arbeitszeiten

Mit der gegenwärtigen Diskussion über längere Arbeitszeiten ist auch eine Flexibilisierung der Arbeitszeiten verbunden. Der gegenwärtige Kostendruck auf deutsche Unternehmen und das stetig individueller werdende Nachfrageverhalten der Kunden hat zur Folge, dass die Arbeitnehmer ihr Arbeits- und Freizeitverhalten diesen Entwicklungen anpassen müssen. Der Einsatz von verschiedenen Arbeitszeitmodellen mit unterschiedlichen Ausprägungen hat den Vorteil, dass es auch ohne Arbeitszeiterhöhungen ohne Lohnausgleich zu Kosteneinsparungen kommen kann. (5), (6), (9)

Arbeitszeitmodelle

Im Folgenden sind exemplarisch verschiedene Arbeitszeitmodelle aufgeführt, die in deutschen Unternehmen zum Einsatz kommen. Aufgrund gesetzlicher Rahmenbedingungen verursachen die einzelnen Ausprägungen zum Teil Mehrkosten wie Mehrarbeitszuschläge oder Kosten für Rufbereitschaft. Andere Formen wie Langzeitkonten führen primär nicht zu höheren Kosten, da ein Freizeitausgleich innerhalb der vereinbarten Laufzeit stattfindet. (5), (6), (7)

- Teilzeitarbeit
- Jahresarbeitszeitkonten
- Gleitzeit mit Kernzeit
- Vertrauensarbeitszeit
- Abrufarbeit
- Schichtarbeit
- Gleitzeit ohne Kernzeit
- Längerfristige Arbeitszeitkonten
- Telearbeit
- Lebensarbeitszeitkonten

Auswirkungen flexiblerer Arbeitszeiten

- Mitarbeiter können in Abhängigkeit des Nachfrageverhaltens der Kunden oder des

Auftragsvolumens flexibel disponiert und hohe Leerzeiten vermieden werden. (1)
- Durch kundenorientierte Arbeitszeiten entstehen Wettbewerbsvorteile gegenüber der Konkurrenz.
- Maschinen können besser bzw. kontinuierlich ausgelastet werden.
- Mitarbeiter, die bei der flexiblen Arbeitszeitgestaltung mitbestimmen können, sind höher motiviert.
- Mitarbeiter können bei der Gestaltung ihrer Arbeitszeiten ihr persönliches Freizeitverhalten mit berücksichtigen. (1)
- Unternehmen finden leichter neue Mitarbeiter, die auf eine flexible Arbeitszeitgestaltung wert legen. (5)
- Rückgang von Personalkosten bzw. dem Einkommen von Arbeitnehmern, wenn aufgrund flexibler Arbeitszeitkonten keine Mehrarbeit oder Überstunden ausbezahlt werden müssen.
- Lebensarbeitszeitkonten dienen der Ansparung von Zeitguthaben für einen Vorruhestand. Die Mitarbeiter haben dadurch die Möglichkeit bei gleich bleibender Bezahlung früher in Vorruhestand zu gehen. (5)
- Mitarbeiter, die an Langzeitkonten partizipieren, können sich im Rahmen der Work-Life-Balance längerfristige Auszeiten nehmen, um ihre individuellen Wünsche zu verwirklichen. (5)
- Arbeitnehmer sind gezwungen ihr Privatleben flexibler zu gestalten z. B. bei der Gestaltung ihres

Freizeitverhaltens, des Familienlebens oder der Kinderbetreuung.

Rahmenbedingungen (7)

Vor der Einführung neuer Arbeitszeitmodelle müssen verschiedene Fragestellungen beantwortet und Rahmenbedingungen berücksichtigt werden, die im Folgenden exemplarisch aufgeführt sind:

- Berücksichtigung entsprechender Arbeitsschutzgesetze.
- Gibt es Tarifverträge, die zu berücksichtigen sind?
- Welche Betriebsvereinbarungen müssen geändert oder neu abgeschlossen werden?
- Welche Modelle kommen bei der Konkurrenz zum Einsatz?
- Durchführung von Pilotprojekten um erste Erfahrungen zu sammeln.

Technische Unterstützung bei der Umsetzung flexibler Arbeitszeitmodelle

In Abhängigkeit der Branche und der Unternehmensgröße wird die Personaleinsatzplanung von Disponenten mit Papier und Bleistift durchgeführt. Personalintensive Tätigkeiten und Geschäfte, die zudem noch starken Nachfrageschwankungen unterliegen, erfordern jedoch immer öfter den Einsatz spezieller Software zur Personaldisposition. (1) So zeigen Beispiele, dass sich bereits ab ca. 100 Mitarbeitern der Einsatz einer entsprechenden Software rentiert. Vorraussetzung für die Rentabilität einer EDV-Software sind starke Nachfrageschwankungen und flexible Arbeitszeitmodelle. (2), (4) Den Kosten für die Einführung und den Einsatz einer EDV-gesteuerten Personaleinsatzplanung stehen Einsparungen im Verwaltungsaufwand, produktivere Mitarbeiter und Wettbewerbsvorteile durch schnellere und individuellere Lieferzeiten gegenüber.

Neue Personaleinsatzsysteme ermöglichen mehr Transparenz im Unternehmen. Durch entsprechende Auswertungen lassen sich Personalkosten und Produktivität innerhalb eines Unternehmens vergleichen und entsprechende Handlungsalternativen für die Geschäftsführung ableiten. (1) Auch Fixkosten können dadurch reduziert werden. So können Lagerkapazitäten dem durchschnittlichen Nachfrageverhalten angepasst und je nach Bedarf grundsätzlich oder zeitlich befristet extern eingekauft werden. (2)

Fallbeispiele

Bei VW müssen die Arbeitskosten bis 2011 um 30 Prozent sinken. Aus diesen Gründen haben Arbeitgeber und Gewerkschaften neue Verträge ausgehandelt, die sowohl Einfluss auf das Arbeitsentgelt als auch auf flexiblere Arbeitszeiten der Mitarbeiter haben. Durch langfristige Arbeitszeitkonten sollen in Zeiten der Unterauslastung Mitarbeiter Ihre Arbeitszeitkonten reduzieren und damit unproduktive Leerzeiten vermieden werden. (9), (10)

Adidas wird seine Arbeitszeitmodelle weiter ausbauen, um somit Arbeitskosten einsparen zu können. (9)

Im Augsburger Werk von Fujitsu-Siemens gibt es Arbeitszeitmodelle bei denen die Mitarbeiter erst am Morgen des Arbeitstages erfahren, ob sie an diesem Tag sechs, sieben oder acht Stunden arbeiten müssen. Dadurch können Nachfrageschwankungen flexibel und zeitnah ausgeglichen werden. (11)

Trotz Flächentarifverträgen einigen sich Betriebsleitungen und Belegschaft immer öfter auf Betriebsebene auf individuelle Regeln. So sind Mitarbeiter zu Zugeständnissen bei Arbeitszeiten und Löhnen bereit, wenn sie gleichzeitig Garantien zur Beschäftigungssicherung erhalten. (11)

Allianz Elementar hat ein eigenes Arbeitszeitmodell entwickelt. Es gibt eine Regelung die vorsieht, dass jeder Mitarbeiter von Montag bis Freitag an vier Tagen mindestens sechs Stunden im Unternehmen anwesend ist. Dabei bleibt die Arbeitszeit von 38,5 Stunden über das Jahr gesehen gleich. (8)
Die Firma ATOSS zeigte auf der Systems 2004 Software und Services zu den Themen auftragsbezogene Personaleinsatzplanung und Geschäftsprozessoptimierung. (4)

Weiterführende Literatur

(1) Von Elm, Kirstin, Digitale Dienstpläne / Abläufe optimieren, Lieferzeiten verkürzen, Kosten senken: Wie Programme zur Einsatzplanung des Personals dabei helfen, Impulse, 01.09.2004, S. 88
aus Wirtschaftspsychologie, Heft 2/2004, S. 44 - 48

(2) Bottler, Stefan, Nachschub für den grünen Daumen, DVZ, Nr. 097, 17.08.2004

aus Wirtschaftspsychologie, Heft 2/2004, S. 44 - 48

(3) Sattler, Simone, Die neuen Angebote, gv-praxis, Nr. 07/08, 02.08.2004, S. 057
aus Wirtschaftspsychologie, Heft 2/2004, S. 44 - 48

(4) Brunner, Robert, Arbeitszeitmanagement mit Software optimieren, DVZ, Nr. 124, 19.10.2004
aus Wirtschaftspsychologie, Heft 2/2004, S. 44 - 48

(5) Rott, Jürgen, Lebensarbeitszeitkonten, die Ideallösung für den Vorruhestand, Bilanzbuchhalter und Controller, Heft, 09/2004, S. 214
aus Wirtschaftspsychologie, Heft 2/2004, S. 44 - 48

(6) O.V., Arbeitszeit soll in vielen Betrieben steigen, Nassauische Neue Presse, 29.09.2004, S. 15
aus Wirtschaftspsychologie, Heft 2/2004, S. 44 - 48

(7) Flexible Verhältnisse
aus WirtschaftsBlatt, 28.09.2004, Nr. 2211, S. 246,47

(8) Wenn die Arbeitszeit flexibler werden soll Die Debatte um die Flexibilisierung der Arbeitszeit lässt die Emotionen hochgehen. Beispiele zeigen: Neue Lösungen können deutliche Vorteile bringen
aus WirtschaftsBlatt, 28.09.2004, Nr. 2211, S. 214,16

(9) O.V., Zeit ist Geld, FOCUS-MONEY, 23.09.2004, Ausgabe 40, S. 014-017
aus WirtschaftsBlatt, 28.09.2004, Nr. 2211, S. 214,16

(10) O.V., Volkswagen / Seitenwechsel, FOCUS-

MONEY, 09.09.2004, Ausgabe 38, S. 014-017
aus WirtschaftsBlatt, 28.09.2004, Nr. 2211, S. 214,16

(11) Beamte mit Leistungssold, geöffnete
Geschäfteam Abend, flexible Arbeitszeiten imBetrieb -
der Standort Deutschland ist in Bewegung geraten.
Der Reformstau beginnt sich aufzulösen
aus Financial Times Deutschland vom 06.10.2004,
Seite 25

Impressum

Flexible Arbeitszeiten

Bibliografische Information der deutschen Nationalbibliothek

Die Deutsche Nationalbibliothek verzeichnet diese Publikation in der deutschen Nationalbibliografie; detaillierte bibliografische Daten sind im Internet über http://dnb.d-nb.de abrufbar.

ISBN: 978-3-7379-0885-6

© 2015 GBI-Genios Deutsche Wirtschaftsdatenbank GmbH, Freischützstraße 96, 81927 München, www.genios.de

Alle Rechte vorbehalten. Dieses Werk ist einschließlich aller seiner Teile – z.B. Texte, Tabellen und Grafiken - urheberrechtlich geschützt. Jede Verwertung außerhalb der Grenzen des Urheberrechtsgesetzes bedarf der vorherigen Zustimmung des Verlags. Dies gilt insbesondere auch für auszugsweise Nachdrucke, fotomechanische Vervielfältigungen (Fotokopie/Mikroskopie), Übersetzungen, Auswertungen durch Datenbanken oder ähnliche Einrichtungen und die Einspeicherung und Verarbeitung in elektronischen Systemen.